This book belongs to:

_____

Copyright © 2021 Brenda Nathan

All rights reserved

ISBN: 978-1-952358-28-9

Date:_____

I am grateful for _____

(a family member)

because _____

_____

_____

_____

_____

_____

_____

*I am happy*

# GRATITUDE JAR

Fill this jar with everything you are grateful for!

Date: _____

Date: _____

# 5 THINGS THAT MAKES ME LAUGH

1. _____

2. _____

3. _____

4. _____

5. _____

Date:_____

I am grateful for _____

(a friend)

because _____

_____

_____

_____

_____

_____

_____

*I am fun*

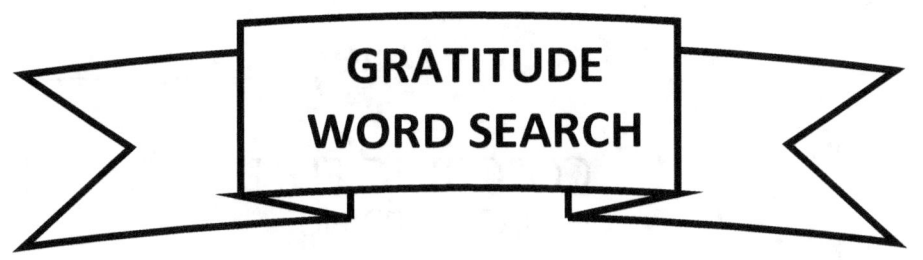

# GRATITUDE WORD SEARCH

| F | H | A | P | P | Y | C | Q | Z | T |
|---|---|---|---|---|---|---|---|---|---|
| R | D | S | K | P | T | R | U | S | T |
| I | B | E | Y | M | L | E | S | H | A |
| E | R | R | Y | D | L | A | U | G | H |
| N | A | V | U | I | O | T | Y | P | W |
| D | V | I | C | U | R | I | O | U | S |
| S | E | C | D | A | K | V | C | D | L |
| H | R | E | R | F | L | I | J | H | O |
| I | C | H | E | E | R | T | O | P | V |
| P | R | B | Q | R | T | Y | Y | I | E |

CURIOUS  LAUGH
CHEER    TRUST
HAPPY    FRIENDSHIP
LOVE     CREATIVITY
PLAY     SERVICE
JOY      BRAVE

Date:_____

## COLORING FUN
### HAPPY SPRING

I am beautiful

Find something blue. Draw or write about it.

**Date:** _____

Date:_____

I am grateful for _____

(something beautiful)

because _____

_____

_____

_____

_____

_____

*I am positive*

Date: _____

**PEOPLE I LOVE**

ME

Name

Date: _____

## TOP 10 THINGS I AM THANKFUL FOR

1. _____

2. _____

3. _____

4. _____

5. _____

6. _____

7. _____

8. _____

9. _____

10. _____

Date:_____

I am grateful for _____

(something that smells nice)

because _____

_____

_____

_____

_____

_____

_____

I am divine

Date:_____

## COLOR BY NUMBERS
CUPCAKE

1. Brown
2. Orange
3. Pink
4. Red

I am irresistible

Date: _____

## 10 THINGS I LOVE

1. _____
2. _____
3. _____
4. _____
5. _____
6. _____
7. _____
8. _____
9. _____
10. _____

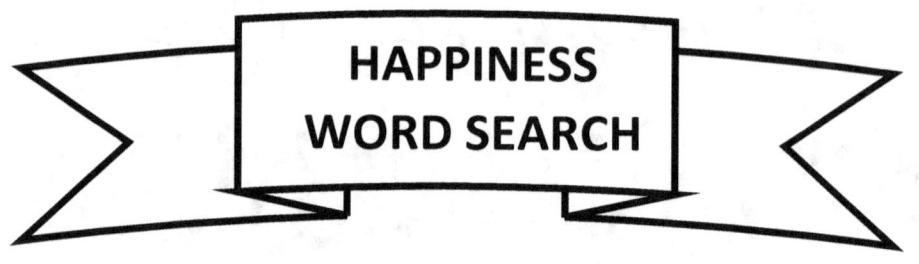

# HAPPINESS WORD SEARCH

| C | H | E | E | R | F | U | L | M | P |
|---|---|---|---|---|---|---|---|---|---|
| E | A | O | L | F | C | Q | V | E | O |
| J | O | Y | A | B | O | C | W | R | S |
| B | P | F | T | Y | N | R | D | R | I |
| U | T | I | I | N | T | S | P | T | T |
| L | R | R | O | K | E | E | H | Y | I |
| M | D | R | N | L | N | A | L | R | V |
| M | E | R | R | Y | T | Y | R | T | E |
| E | G | B | L | I | S | S | T | B | O |
| D | E | L | I | G | H | T | F | U | L |

JOY  
CHEERFUL  
CONTENT  
ELATION  

BLISS  
MERRY  
DELIGHTFUL  
POSITIVE

Date:_____

I am grateful for _____

(something fun)

because _____

_____

_____

_____

_____

_____

_____

 *I am playful*

Date: _____

## Draw something yummy

Date:_____

## COLORING FUN
### DINOSAUR

I am interesting

Date:_____

I am grateful for _____

(an experience)

because _____

_____

_____

_____

_____

_____

_____

I am wise

Date: _____

# TOP 10 PLACES I WANT TO VISIT

1. _____
2. _____
3. _____
4. _____
5. _____
6. _____
7. _____
8. _____
9. _____
10. _____

Date: _____

Something I'm afraid of.
_____

Something I'm excited about.
_____

Something I like to listen to.
_____

Something I like to eat.
_____

Something I like to touch.
_____

Date:_____

## COLORING FUN
### HOUSE

*Everything starts with a dream*

Date:_____

I am grateful for _____

(something I enjoy)

because _____

_____

_____

_____

_____

_____

*I am adventurous*

Date:_____

## COLOR BY NUMBERS
### RAINBOW STAR

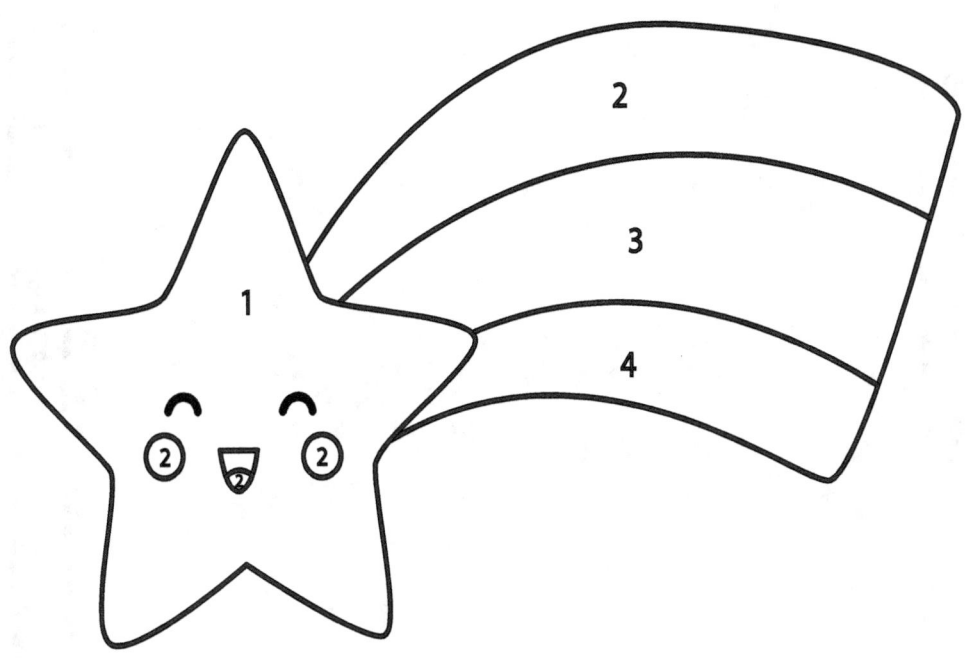

1. Yellow
2. Red
3. Orange
4. Green

*I believe in myself*

Draw something beautiful

Date:_____

Date:_____

I am grateful for _____

(something that begins with letter A)

because _____

_____

_____

_____

_____

_____

_____

  *I am joyful*

Date: _____

# 10 THINGS I GIVE FREELY

1. _____
2. _____
3. _____
4. _____
5. _____
6. _____
7. _____
8. _____
9. _____
10. _____

Date:_____

# Mindfulness activity

What are 2 things you can see?

_____

_____

What are 2 things you can touch?

_____

_____

What are 2 things you can hear?

_____

_____

What is 1 thing you can smell?

_____

What is 1 thing you can taste?

_____

Date:_____

## COLORING FUN
### CUTE DOG

I trust myself

Date:_____

I am grateful for _____

(something small)

because _____

_____

_____

_____

_____

_____

_____

I inspire others

**Date:** _____

Find a fruit. Draw and write about it.

Date:_____

## COLOR BY NUMBERS
### HOT AIR BALLOON

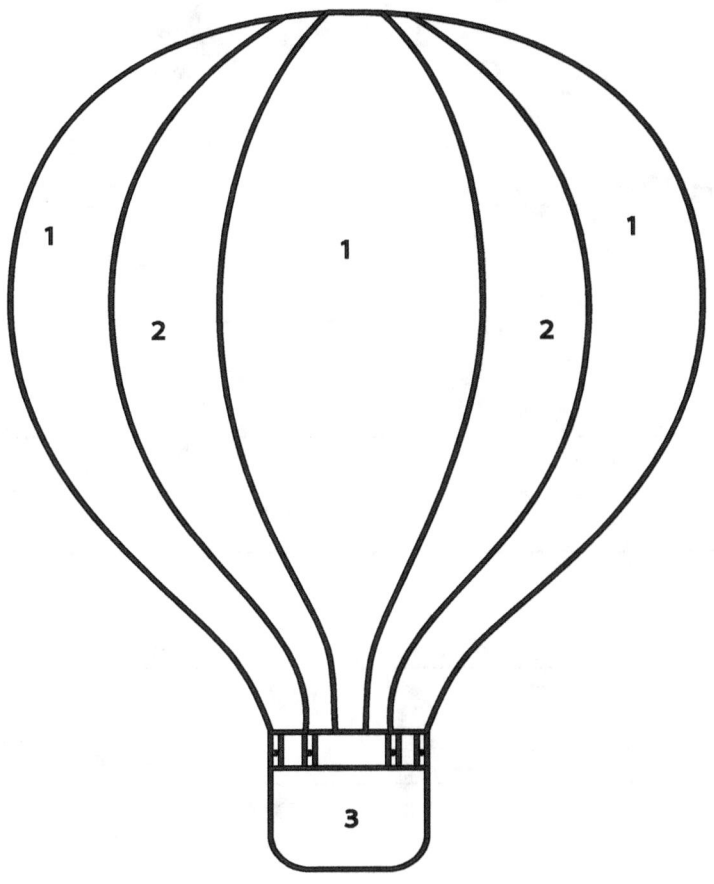

1. Orange    2. Yellow

3. Black

*Follow your dreams they know the way*

Date:_____

I am grateful for _____

(something big)

because _____

_____

_____

_____

_____

_____

_____

*I have faith*

# ACTIVITY
(complete all the activities)

| Dance for 1 minute! | Share something with a friend! | Send a thank you note to someone! |
|---|---|---|
| Read a poem out loud! | Tell a joke! | Listen to someone for 2 minutes! |
| Draw something and give it to someone! | Sing someone a song for 2 minutes! | Thank someone for no reason! |

Date completed: _____

Date: _____

## TOP 5 FUN THINGS I LIKE TO DO

1. _____

2. _____

3. _____

4. _____

5. _____

Date:_____

## COLORING FUN
### CUTE CAT

I am graceful

Date:_____

I am grateful for _____

(something yummy)

because _____

_____

_____

_____

_____

_____

_____

*I am curious*

Date: _____

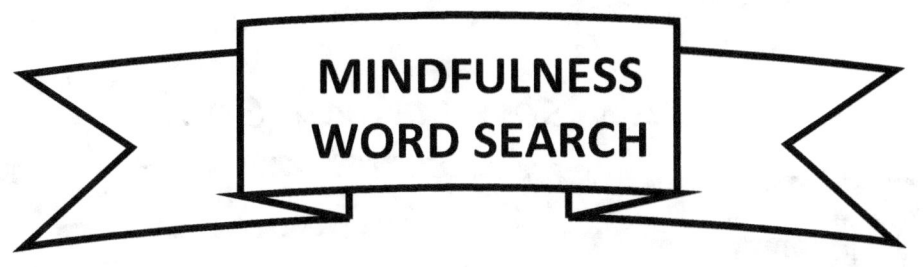

# MINDFULNESS WORD SEARCH

| A | C | R | T | F | O | C | U | S | T |
|---|---|---|---|---|---|---|---|---|---|
| Z | P | Y | O | Q | T | H | W | T | O |
| Q | H | P | I | O | P | E | M | S | U |
| A | W | A | R | E | U | A | E | M | C |
| B | T | M | H | E | T | R | D | E | H |
| T | A | S | T | E | C | S | I | L | F |
| S | E | E | S | J | L | I | T | L | E |
| Y | R | Q | K | Z | M | U | A | R | E |
| L | I | S | T | E | N | R | T | T | L |
| B | R | E | A | T | H | E | E | U | E |

FOCUS  
APPRECIATE  
MEDITATE  
HEAR  
BREATHE  
SMELL  

AWARE  
LISTEN  
TOUCH  
SEE  
TASTE  
FEEL

Date: _____

# Draw something Cool

Date:_____

I am grateful for _____

(a movie)

because _____

_____

_____

_____

_____

_____

_____

 *I am daring*

Date: _____

# 5 DUMB THINGS PEOPLE DO

1. _____

2. _____

3. _____

4. _____

5. _____

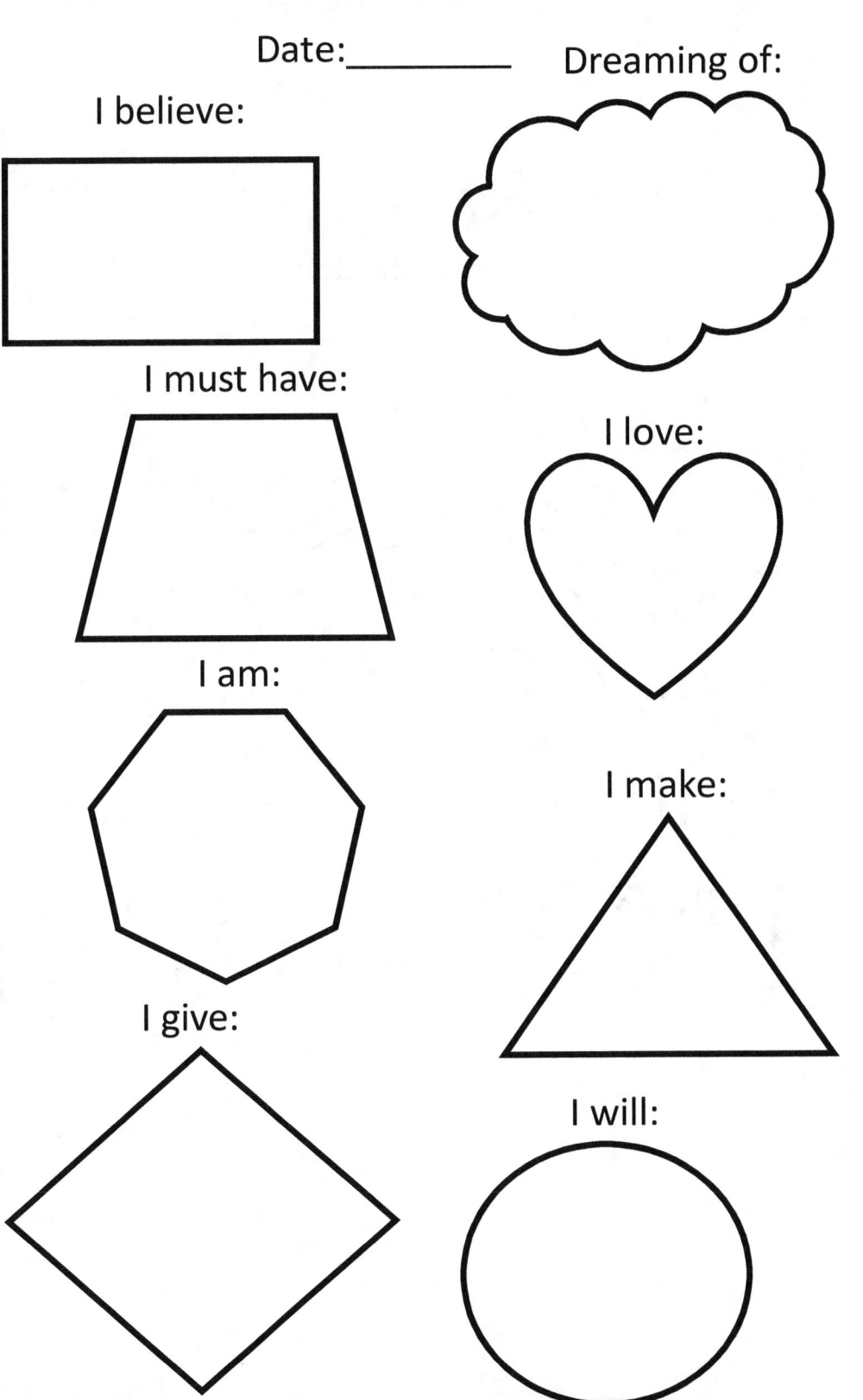

Date: _____

# Dot to Dot Activity - Rainbow

## Connect the dots

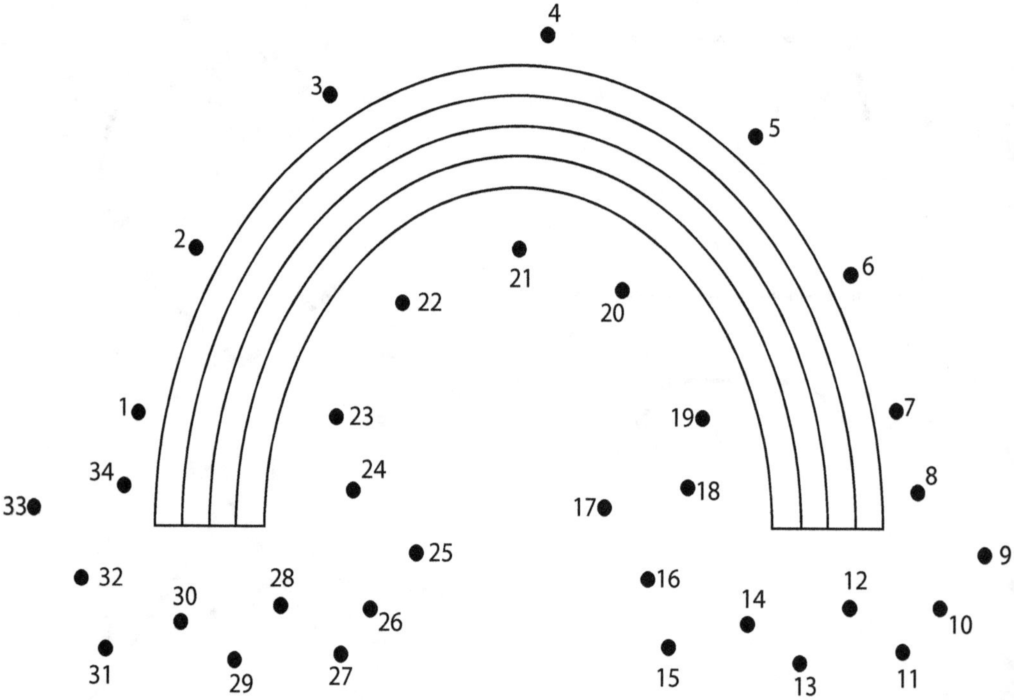

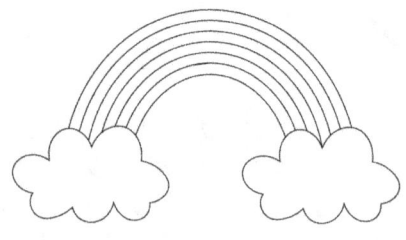

I am enough

Date:_____

I am grateful for _____

(something colorful)

because  _____

_____

_____

_____

_____

_____

_____

I am dynamic

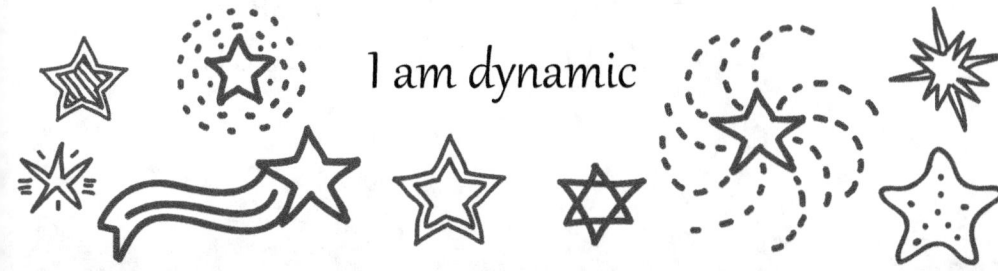

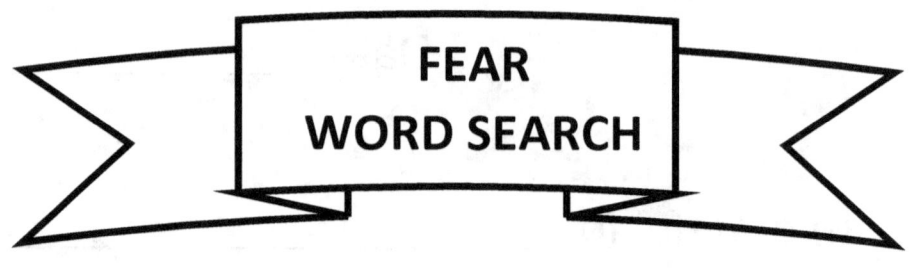

# FEAR WORD SEARCH

| D | B | A | K | A | N | C | G | E | T |
|---|---|---|---|---|---|---|---|---|---|
| E | J | N | E | R | V | O | U | S | E |
| S | K | X | E | S | L | E | M | T | R |
| P | E | I | N | R | T | R | O | R | R |
| E | U | O | W | O | R | R | Y | E | I |
| R | T | U | O | S | P | Y | X | S | F |
| A | A | S | W | O | N | I | V | S | I |
| T | G | D | H | D | I | D | T | E | E |
| E | P | A | N | I | C | K | E | D | D |
| W | D | O | U | B | T | F | U | L | P |

ANXIOUS          WORRY
TERRIFIED        NERVOUS
STRESSED         DESPERATE
PANICKED         DOUBTFUL

Date: _____

# Dot to Dot Activity - Unicorn

## Connect the dots

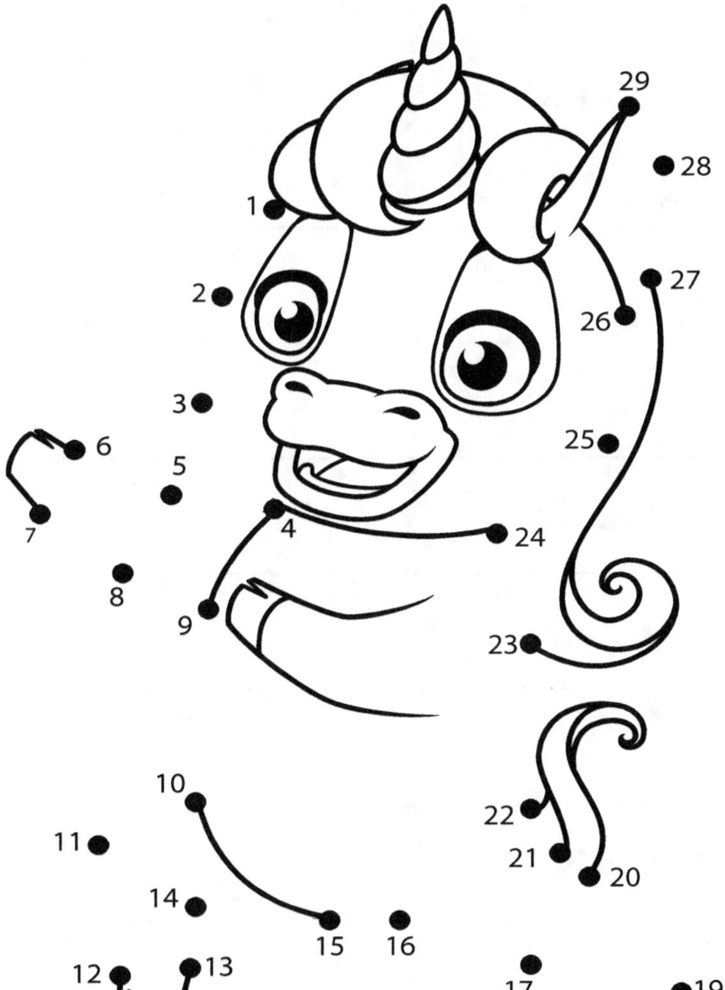

*I love myself*

Date:_____

I am grateful for _____

(something I love)

because _____

_____

_____

_____

_____

_____

I am smart

# Find something green. Draw or write about it.

**Date:** _____

Date: _____

## Draw something unique

Date: _____

Trace the path through the maze. Help the butterfly to reach the flower.

I am strong

Date:_____

I am grateful for _____

(a simple task)

because _____

_____

_____

_____

_____

_____

_____

I am peaceful

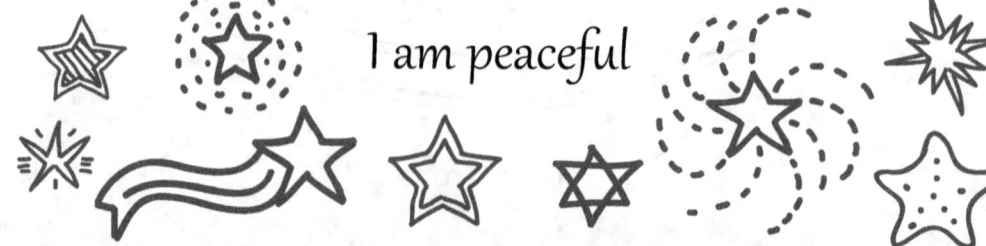

# POSITIVITY WORD SEARCH

| D | M | S | L | S | H | T | I | Q | U |
|---|---|---|---|---|---|---|---|---|---|
| E | H | R | S | E | T | Y | L | S | G |
| Q | A | L | A | U | G | H | I | S | I |
| S | P | F | J | K | E | Q | S | M | V |
| J | P | D | A | N | C | E | T | M | E |
| D | Y | R | Q | I | W | J | E | B | E |
| I | W | R | L | S | L | P | N | R | T |
| W | S | I | N | G | G | L | R | R | Y |
| G | C | A | L | M | H | S | Q | I | K |
| A | E | L | O | V | E | U | K | I | Y |

LAUGH    GIVE
LISTEN   LOVE
DANCE   SING
CALM    HAPPY

Find something orange. Draw or write about it.

**Date:** _____

Date:_____

I am grateful for _____

(something funny)

because _____

_____

_____

_____

_____

_____

_____

I am bold

**Date:** _____

## TOP 10 EXPERIENCES I AM THANKFUL FOR

1. _____
2. _____
3. _____
4. _____
5. _____
6. _____
7. _____
8. _____
9. _____
10. _____

Date: _____

# 5 THINGS THAT MAKES ME ANGRY

1. _____

2. _____

3. _____

4. _____

5. _____

Date:_____

## COLOR BY NUMBERS
### BUTTERFLY

1. Yellow  3. Green

2. Red  4. Brown

*I am awesome*

Date:_____

I am grateful for _____

(something that begins with letter U)

because _____

_____

_____

_____

_____

_____

_____

  *I am brave*

# Find something purple. Draw or write about it.

**Date:** _____

Date:_____

## COLOR BY NUMBERS
### GIFT BOX

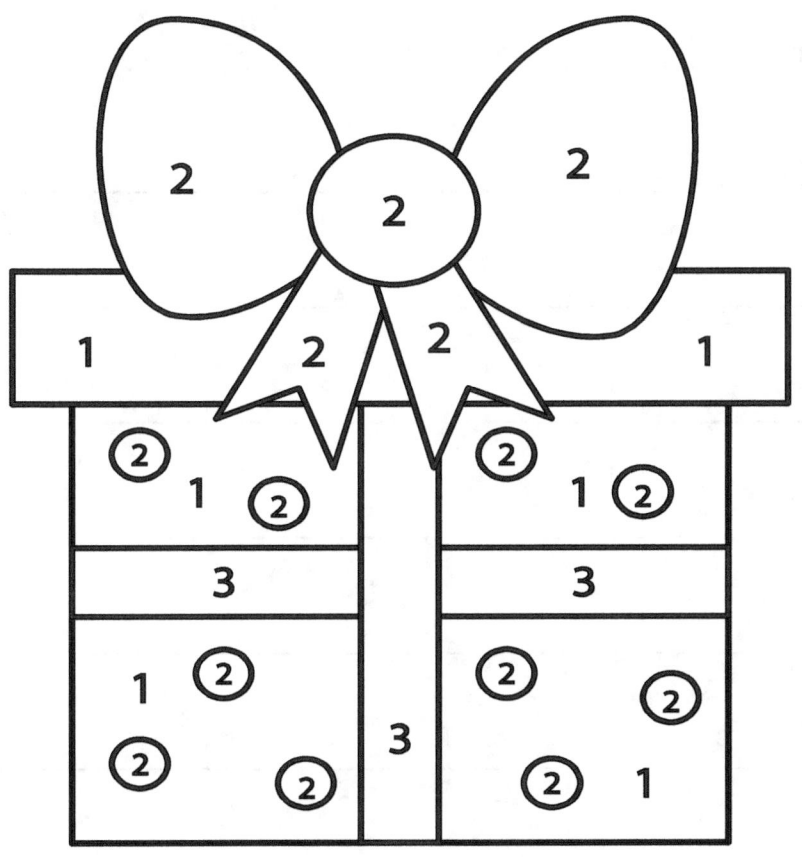

1. Yellow     2. Red

3. Green

*Everyday is a gift*

Date:_____

I am grateful for _____

(something that moves)

because _____

_____

_____

_____

_____

_____

_____

*I am intelligent*

# Draw something you love

Date:_____

Date: _____

# TOP 10 REASONS I AM AMAZING

1. _____

2. _____

3. _____

4. _____

5. _____

6. _____

7. _____

8. _____

9. _____

10. _____

Date:_____

# COLORING FUN
## UNICORN WITH WINGS COLORING

I am unstoppable

Date:_____

I am grateful for _____

(a favorite memory)

because _____

_____

_____

_____

_____

_____

I am neat

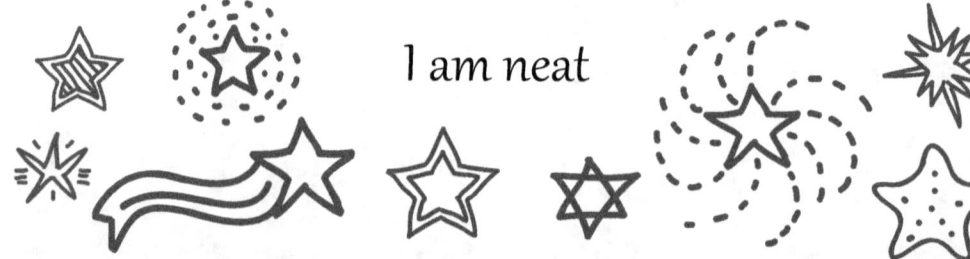

# GIVING WORD SEARCH

| S | E | L | F | L | E | S | S | C | D |
|---|---|---|---|---|---|---|---|---|---|
| A | R | D | D | T | M | S | Z | H | O |
| G | E | R | A | Y | O | Q | H | A | N |
| T | G | I | F | T | T | V | P | R | A |
| T | Y | R | R | F | H | S | R | I | T |
| M | T | Q | R | Y | E | K | E | T | E |
| O | L | K | S | L | R | Y | L | Y | H |
| L | N | U | R | T | U | R | E | W | X |
| W | Q | C | A | R | I | N | G | T | U |
| P | R | E | S | E | N | T | G | J | O |

CARING       DONATE
GIFT         MOTHER
PRESENT      NURTURE
CHARITY      SELFLESS

**Date:** _____

Find a vegetable. Draw and write about it.

Date:_____

I am grateful for _____

(something that begins with letter E)

because _____

_____

_____

_____

_____

_____

_____

 I am creative

**Date:** _____

# TOP 10 PEOPLE I AM THANKFUL FOR

1. _____
2. _____
3. _____
4. _____
5. _____
6. _____
7. _____
8. _____
9. _____
10. _____

Date:_____

## COLORING FUN
### PROPELLER PLANE

I design my life

# FUN WORD SEARCH

| B | P | L | A | Y | D | M | B | C | B |
|---|---|---|---|---|---|---|---|---|---|
| C | L | K | O | N | S | I | N | G | D |
| M | N | O | R | P | C | L | M | K | C |
| L | B | D | P | S | V | N | L | J | D |
| O | R | A | K | T | W | R | B | O | S |
| R | D | N | Q | V | W | Y | T | K | T |
| N | M | C | K | S | Y | W | V | E | D |
| P | O | E | C | R | E | A | D | N | L |
| R | V | T | U | T | Y | P | V | P | O |
| O | N | G | A | M | E | K | M | S | Q |

SING        JOKE
DANCE    READ
GAME     PLAY

Date:_____

I am grateful for _____

(something I eat for breakfast)

because _____

_____

_____

_____

_____

_____

_____

 *I am blessed*

Date:_____

## COLORING FUN
### ELEPHANT

*Always believe in yourself*

Draw something

Date:_____

Date:_____

I am grateful for _____

(something that begins with letter G)

because _____

_____

_____

_____

_____

_____

_____

I am patient

Date:_____

## COLORING FUN
### CUTE FRUITS

I am amazing

**Date:** _____

# My 5 Favorite songs

1. _____

2. _____

3. _____

4. _____

5. _____

**Date:** _____

Find a tree. Draw and write about it.

Date:_____

I am grateful for _____

(something I gave)

because _____

_____

_____

_____

_____

_____

_____

  I am the best

Date:_____

## COLOR BY NUMBERS
### SUN

1. Orange   2. Yellow

3. Red

*I am beautiful*

# NEGATIVITY WORD SEARCH

| B | H | A | B | C | V | J | G | R | H |
|---|---|---|---|---|---|---|---|---|---|
| R | G | S | P | I | T | E | F | U | L |
| L | J | K | T | Y | A | R | R | O | K |
| R | G | C | R | U | E | L | O | C | L |
| B | W | L | D | J | W | B | H | L | E |
| E | R | K | H | H | V | J | I | A | V |
| V | W | S | Y | A | G | L | G | S | L |
| F | I | G | H | T | Z | H | P | H | R |
| Q | I | J | K | E | Y | M | T | B | F |
| H | N | J | B | L | A | M | E | F | R |

BLAME  HATE
CRUEL  CLASH
FIGHT  SPITEFUL

Date:_____

I want _____

_____

because _____

_____

_____

_____

_____

_____

_____

I am magnificent

Date: _____

Trace the path through the maze. Help the cute unicorn to reach his friend on hot air balloon.

Nothing is impossible

Date: _____

Draw something you can hear

Date: _____

# TOP 5 DUMBEST THINGS PEOPLE SAY

1. _____

2. _____

3. _____

4. _____

5. _____

Date:_____

I am _____

_____

because _____

_____

_____

_____

_____

_____

_____

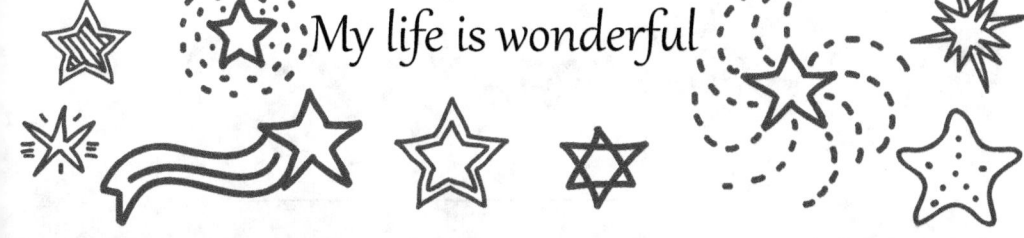

My life is wonderful

# Find something yellow. Draw or write about it.

Date: _____

Date:_____

## COLORING FUN
### HELICOPTER

I am extraordinary

Date:_____

I am grateful for _____

(something I like)

because _____

_____

_____

_____

_____

_____

_____

I attract success

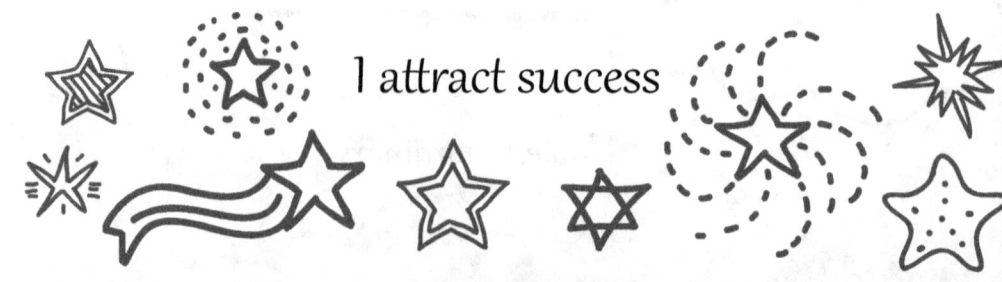

Date: _____

Draw something you can smell

Date:_____

I try _____

_____

because _____

_____

_____

_____

_____

_____

_____

_____

I am generous

Date:_____

# COLORING FUN
## TURTLE AND FRIENDS

*Friends are the family we choose*

Date:_____

I am grateful for _____

(something that begins with letter T)

because _____

_____

_____

_____

_____

_____

_____

I am safe

Date: _____

Draw something you can touch

Date:_____

## COLOR BY NUMBERS
BEAVER

1. Brown          3. Black

2. Orange        4. Red

*I am alive*

Date:_____

I am grateful for _____

(a mistake)

because _____

_____

_____

_____

_____

_____

_____

I am loving

Date: _____

# Draw something that shines

Date:_____

I am grateful for _____

(something that begins with letter S)

because _____

_____

_____

_____

_____

_____

_____

*I am perfect*

Date: _____

Draw something you can taste

Date:_____

I dream of _____

_____

because _____

_____

_____

_____

_____

_____

_____

_____

 *I am humble*

**Date:** _____

Find a flower. Draw and write about it.

Draw something that made you happy today

Date:_____

Date:_____

I am grateful for _____

(something I eat for lunch)

because _____

_____

_____

_____

_____

_____

_____

*I am alive*

Find something red. Draw or write about it.

Date: _____

**Date:** _____

Find a unique stone. Draw and write about it.

Date: _____

Trace the path through the maze.

I am confident

Date:_____

I am grateful for _____

(a snack)

because _____

_____

_____

_____

_____

_____

_____

I am radiant

Date: _____

Draw something you can see

Date: _____

Trace the path through the maze. Help the moon to reach the star.

I am powerful

www.ingramcontent.com/pod-product-compliance
Lightning Source LLC
Chambersburg PA
CBHW052111110526
44592CB00013B/1563